Plan B

Neuer Kurs in der Klimapolitik

*Für Katharina
mit Dank für Liebe, Treue
und unermüdliche Unterstützung*

Lothar Thürmer

Plan B

Neuer Kurs in der Klimapolitik

Bibliografische Information der Deutschen
Nationalbibliothek:
Die Deutsche Nationalbibliothek verzeichnet diese
Publikation in der Deutschen Nationalbibliografie;
detaillierte bibliografische Daten sind im Internet über
dnb.dnb.de abrufbar.

© 2023 Lothar Thürmer
Herstellung und Verlag:
BoD – Books on Demand, Norderstedt

ISBN: 9 783749 452477

Vorwort

Der europäische Weg zu einem forcierten Klimaschutz weitgehend im Alleingang verdient großen Respekt. Er ist in einer Welt, in der es unterschiedliche Interessen gibt und Machtpolitik eine Renaissance erlebt, ziemlich mutig. Aber ist er auch klug?

Können wir mit unseren Möglichkeiten überhaupt erreichen, was wir klimapolitisch wollen? Mit welchen Kosten sind unsere Anstrengungen verbunden? Stellen diese Kosten den Zusammenhalt unserer Gesellschaft vor eine Zerreißprobe?

Brauchen wir eine neue Sicht der Dinge?

Fragen über Fragen also, die einer Klärung bedürfen. Dazu verwende ich vor allem einen ökonomischen Ansatz, den man wohl insoweit als „visionär" bezeichnen könnte, als er Handlungsspielräume voraussetzt, die wir nach Meinung vieler gar nicht mehr haben. Danach habe sich Deutschland im Pariser Klimaabkommen und im deutschen Klimagesetz rechtlich verbindlich auf einen Kurs verpflichtet, den es nicht mehr ändern könne – selbst dann, wenn er in die Irre führen sollte.

Mit solchen Fragen mögen sich Juristen befassen. Und sie mögen zu einem sinnvollen Ergebnis gelangen.

Meine „ökonomische Sicht" der Dinge geht grundsätzlich davon aus, dass gerade demokratische Rechtsstaaten, aber auch - mit gewissen Abstrichen - supranationale Institutionen „lernfähig" und zu Kurskorrekturen in der Lage sein können, wenn ein bisheriger Weg erkennbar in den Abgrund zu führen droht.

Dieses Buch befasst sich vor allem mit drei zentralen Themenkomplexen:

- Kann die Menschheit die globale Erwärmung der Erde noch eindämmen, und sollte sie dafür massive Investitionen tätigen?

- Wie erfolgreich war die globale Klimapolitik bisher, und wie aussichtsreich ist ein europäischer Alleingang?

- Welche Rolle sollte Europa bei einer Reform internationaler Institutionen spielen, und welche Bedeutung sollte die Stärkung eigener Klimaresilienz haben?

Allerdings muss ich den Leser und die Leserin vor Risiken und Nebenwirkungen warnen:

Die Lektüre dieses Buches konfrontiert Sie mit einem „Radikalismus der Desillusionierung" (Peter Sloterdijk), der bei dem einen oder der anderen zu einer „schöpferischen Zerstörung" (Joseph Schumpeter) bisheriger Klimaüberzeugungen führen könnte.

In diesem Fall biete ich Ihnen aber einen realistischen Blick auf eine „verantwortungsethisch" (Max Weber) begründete Klimapolitik.

Noch Lust auf Lesen? Und auf Lernen?

- Etwa, was ein „klimapolitischer Imperativ" sein könnte,
- oder warum die Weltklimakonferenz verstärkt Erkenntnisse der „Theorie der öffentlichen Güter" anwenden sollte und
- was mit dem „Thürmer-Theorem" gemeint ist?

Dann legen Sie los – und zwar jetzt!

Friedberg, im März 2023

Globaler Klimaschutz ist normativ geboten und technisch möglich

Der Klimawandel und seine Auswirkungen sind bei uns längst angekommen. So stellt Renate Köcher, Chefin des Institutes für Demoskopie in Allensbach, im Februar 2023 fest: „Tatsächlich sehen wir beim persönlichen Bedrohungsgefühl seit zwei Jahren einen langsamen, aber kontinuierlichen Anstieg." Kein Wunder also, dass sich eine Mehrheit in unserem Land mehr Klimaschutz wünscht.

In den zurückliegenden Jahren hat Europa unter extremer Dürre gelitten.

Im Sommer 2022 hat es sogar die „größte Dürre seit 500 Jahren" erlebt (Harald Lesch). Frankreich musste Atomkraftwerke abschalten, weil das Kühlwasser fehlte. Hitze und Trockenheit setzen unserer Landwirtschaft und den Wäldern stark zu.

Weltweit beobachten wir verheerende Waldbrände. Und wir haben die bislang höchsten Temperaturen gemessen, seit es Wetteraufzeichnungen gibt.

Die Erwärmung der Atmosphäre führt dazu, dass sich das Meerwasser ausdehnt und Gletscher abschmelzen.

Allein in den vergangenen 30 Jahren ist der Meeresspiegel schon um zehn Zentimeter angestiegen.

Und vor unserer Haustüre im Ahrtal hat eine Flutkatastrophe unzählige Opfer gefordert und gigantische Schäden verursacht.

Ohne einen effektiven globalen Klimaschutz werden sich die Bedingungen menschlichen Lebens auf unserem Planeten weiter verschlechtern.

So ist der Dalai Lama besorgt: „Unser Planet ist unser Zuhause, unser einziges Zuhause.

Wo sollen wir denn hingehen, wenn wir ihn zerstören?"

Nun, tatsächlich spricht vieles dafür, dass die Welt nicht untergehen werden wird. Aber es gibt Regionen, die für den Menschen unbewohnbar werden könnten.

Dennoch und trotz vieler schon heute unmittelbar erfahrbarer Veränderungen des Wettergeschehens verharmlosen manche immer noch den Klimawandel.

Einer, der das angebliche „Klima-Geschwafel" satt hat, ist Knut Löschke:

„Ich habe es satt, oder, um es noch klarer auszudrücken: Ich habe die Schnauze voll vom permanenten und immer religiöser werdenden Klima-Geschwafel, von Energie-Wende-Phantasien, von Elektroauto-Anbetungen, von Gruselgeschichten über Weltuntergangs-Szenarien."

So eine „Ich habe es satt"-Haltung führt natürlich nicht weiter. Genauso wenig eine „Klima-Panik" auf der anderen Seite.

Dazu zählt etwa die Forderung, wir müssten sofort und vollständig aus der fossilen Energie aussteigen.

Klimaaktivisten wollten eine 1,5-Grad-Grenze der Erderwärmung vor Lützerath „verteidigen". Eine PR-Masche, mehr nicht.

Klimapolitik sollte man weder denen überlassen, die die Herausforderung kleinreden, noch übereifrigen Aktivisten, die den Verstand an der Garderobe abgeben. Wir sollten cool und rational bleiben.

Klimawandel und -politik sind Bestandteile einer komplexen Welt. Einer Welt, die sich selten einig ist, in der es nicht nur eine Herausforderung und ein Interesse gibt.

Manch ein Klimaaktivist scheint überdies zu vergessen, dass politische Entscheidungen nicht irgendwo getroffen werden, sondern in den dafür vorgesehenen Institutionen.

Wenn die „Letzte Generation" „die Bundesrepublik in eine Räterepublik verwandeln" (Alexander Kissler) will, dann schlägt sie eine bedenkliche Richtung ein. Irritierend ist auch die Aussage von Luisa Neubauer: „Die Wahl zwischen Zeit und Demokratie, die haben wir nicht." Eine Öko-Diktatur ist aber auch keine Alternative!

In Demokratien müssen unterschiedliche Interessen und Ziele zur Geltung kommen und zu einem Ausgleich gebracht werden können.

Es geht nicht nur um CO_2, sondern auch um Versorgungssicherheit und Arbeitsplätze, um sozialen Frieden und politische Stabilität.

Die Menschen, die sich als „One-Issue-Aktivisten" verstehen, dürfen sich an Bertolt Brecht erinnert fühlen: „Alle großen Ideen scheitern an den Leuten."

Nicht ohne Grund. Denn „die Leute" wissen in ihrer Mehrheit ganz genau:

Stabile Demokratien brauchen „Many-Issues-Parteien". Sie brauchen Besonnenheit und kollektive Rationalität, nicht aber bloßen Aktionismus und blinden Übereifer.

Rationale Politik beginnt mit dem Betrachten und der Analyse der Wirklichkeit. Und dazu gehört die Feststellung:

- Es gibt den menschengemachten Klimawandel.
- Er wird befeuert durch Treibhausgase,

- die vor allem durch die Verbrennung fossiler Energieträger entstehen.

Das alles ist nicht völlig neu. Schon 1896 stellte der schwedische Forscher Svante Arrhenius fest, dass der Ausstoß von Kohlendioxid die Erde erwärmt. Aber wen hat das damals interessiert? Niemanden!

Heute gehört es zum Allgemeinwissen, dass der Klimawandel Auswirkungen auf alle Bereiche hat - auf Umwelt, Gesellschaft und Wirtschaft. Schon mittelfristig könnte er zu disruptiven Ereignissen führen.

Zu Ereignissen, die Landnutzung, Siedlungs- und Verkehrsstrukturen, Wirtschaft, Wohlstand und Sicherheit schnell und fundamental verändern könnten.

Ab einer bestimmten Erwärmung der Erde könnten wir sogar die Kontrolle über die weitere Entwicklung verlieren. Dann wären Klimaprozesse nicht mehr zu stoppen.

Ein verstärkender Klimaeffekt aus der Natur ist etwa auftauender Permafrost und entweichendes Methan als ein effizientes Treibhausgas.

Allerdings weiß niemand genau, wann und unter welchen Bedingungen solche Prozesse nicht mehr aufzuhalten sind. Der Weltklimarat gelangt zu dem Schluss: „Der genaue Grad an Klimaänderung, der ausreicht, um abrupte und irreversible Änderungen auszulösen, bleibt unsicher. Das mit der Überschreitung solcher Grenzen verbundene Risiko steigt jedoch mit höheren Temperaturen."

Wer sich mit den Kosten des Klimawandels und dem Nutzen von Maßnahmen gegen den Klimawandel und seine Folgen befasst, muss mit solchen Unsicherheiten umgehen.

Und deshalb mit unterschiedlichen Szenarien arbeiten.

Und so sind konsequenterweise auch die Institute vorgegangen, die eine aktuelle vom Bundesministerium für Wirtschaft und Klimaschutz beauftragte Studie zu den Kosten der Folgen des Klimawandels für Deutschland erstellt haben.

Danach könnten bis zur Mitte des Jahrhunderts Kosten in Höhe von bis zu 900 Milliarden Euro anfallen. Das allein zeigt schon, wie bedeutsam Investitionen in den Klimaschutz und in eine vorsorgende Klimaanpassung sein können.

Ungemein hilfreich wäre es, wenn wir wüssten, wie ein „optimales" Investitionsbudget für Klimaschutz und Klimaanpassung aussieht. Gibt es das überhaupt? Aus meiner Sicht: theoretisch ja!

Der optimale Gesamtumfang aller Maßnahmen gegen den Klimawandel und seine Folgen kann durch einen globalen Kosten-Nutzen-Vergleich bestimmt werden. Wer sich für die Möglichkeiten und Grenzen des Instrumentariums der Kosten-Nutzen-Analyse interessiert, den verweise ich gerne auf die auch heute noch immer bedeutsamen Forschungsarbeiten von Jürgen Hofmann hierzu.

Kurz und prägnant: „Klima-Maßnahmen" zu den jeweils geringsten Kosten sollten solange ausgeweitet werden, bis ihre Grenzkosten den Grenznutzen übersteigen. Und genau das wäre auch die verantwortungsethisch begründete Maxime, der: „klimapolitische Imperativ"!

Der Haken dabei ist, dass dieser Ansatz nur sehr schwer zu operationalisieren und deshalb ziemlich unpraktikabel ist. Das heißt: Was theoretisch-normativ überzeugt, lässt sich empirisch leider nur schwer umsetzen. Das ist natürlich die Stunde der Vereinfachung und der „Politik der Kompromisse".

Rund 200 Staaten der Welt haben sich auf der Klimakonferenz 2015 in Paris auf Wegweisendes verständigt: Begrenzung der Erderwärmung auf deutlich unter 2 Grad, möglichst 1,5 Grad sowie Treibhausgasneutralität spätestens in der zweiten Hälfte des Jahrhunderts weltweit.

Dieser historische Beschluss ist grundlegend für die Klimapolitik und ein Stück weit auch eine „praktische Norm" für einen „optimalen" Klimaschutz.

Er stellt die Staaten der Welt vor große Aufgaben - besonders die, die sich mit konkreten Zusagen verpflichtet haben.

Aber er sollte nicht bedeuten: „Klimaschutz um jeden Preis", „koste es, was es wolle".

Im Bereich der Klima-Ökonomie gibt es überhaupt viel Unbestimmtes. Wer trägt die Kosten? Wer profitiert von den Maßnahmen? Und welche Inkongruenzen sind aus welchen Gründen wirklich gewollt?

Zahlen sich etwa deutsche und europäische Verpflichtungen für uns selbst aus? Das hat niemand überzeugend durchgerechnet. Dass das so sei, ist letztlich „nur" eine eher gesinnungsethisch begründete Annahme, die kaum hinterfragt wird.

Ebenso wenig hinterfragt man ernsthaft, warum die Supermacht China von den klimapolitischen Anstrengungen der alten Industrieländer zwar profitiert, selbst aber als vermeintliches „Entwicklungsland" zu keinen vergleichbaren Anstrengungen verpflichtet ist.

Das ist eine der Grundlagen der Klimapolitik heute. Wir werden allerdings noch sehen, dass dieses Fundament zunehmend brüchig wird. Dass es nicht nur eine Krise des Klimas selbst, sondern auch eine der Klimapolitik gibt.

Damit kein Raum für Zweifel bleibt: Die Menschheit insgesamt ist ganz eindeutig gut beraten, den Klimawandel wirksam und effizient zu begrenzen. Und sie sollte mit großer Energie und Ausdauer versuchen, Hindernisse auf dem Weg zu diesem Ziel zu beseitigen.

Noch könnte die Menschheit das Schlimmste verhindern.

Die Menschheit mit ihren technischen Möglichkeiten heute wäre durchaus in der Lage, den Klimawandel entscheidend einzudämmen. Aber sie bräuchte dazu einen festen Willen und einen langen Atem.

„Wir sollten uns nichts vormachen. Wenn wir glauben, bis 2050 seien alle Probleme gelöst, wenn wir die jetzt gesteckten Emissionsziele erreichen, dann irren wir", so Bosch-Chef Stefan Hartung. „Wir sind als jetzige Generation in der Lage, die ersten Schritte einzuleiten."

Und was bedeutet das konkret? Vor allem eines: Fortschritte bei der Dekarbonisierung unserer Welt! Und das auf zwei Wegen:

- Vor allem durch eine regenerative oder nukleare Energieversorgung,

- aber auch durch eine großangelegte Entnahme und Speicherung von Treibhausgasen.

Letzteres mag den einen oder die andere etwas überraschen. Es ist noch gar nicht so lange her, da war ausschließlich die Begrenzung der Emission von Treibhausgasen im Fokus.

Heute aber gehört es zum Allgemeinwissen, dass Klimaneutralität allein nicht ausreichen wird, um die globale Erwärmung im angestrebten Umfang zu begrenzen.

Zusätzlich gilt es, Milliarden Tonnen von CO_2 aus der Atmosphäre herauszuholen.

„Der Weltklimarat IPCC hat Szenarien durchgerechnet, mit denen sich das 1,5-Grad-Ziel noch erreichen ließe - keines von ihnen kommt ohne die zusätzliche Entnahme und Speicherung von CO_2 aus.

Selbst im optimistischsten Szenario ... gebe es noch immer eine beträchtliche Lücke im globalen CO_2-Budget, heißt es auch im jüngst veröffentlichten Report ´The State of Carbon Dioxide Removal`.

Wenn die Emissionen bis 2050 auf Nettonull sinken sollen, wäre es ohnehin nicht möglich, auf CO_2-Speicherung zu verzichten, weil sich der Ausstoß von Treibhausgasen nicht komplett vermeiden lässt" (Julia Köppe, Der Spiegel vom 21. 1. 2023).

Trotzdem: Die Eindämmung der Erderwärmung setzt vor allem eine Energiewende bzw. „Energierevolution" voraus. Einen weltweiten Ausstieg aus fossilen Energieträgern wie Kohle, Öl und Erdgas. Und einen Umstieg in CO_2-neutrale Energien.

Fortschritte beim erneuerbar produzierten Strom aus Wind und Sonne sind unübersehbar. Problem: 85 Prozent des gesamten Endenergieverbrauchs werden allein in Deutschland bis heute fast ausschließlich durch Öl, Kohle und Gas gedeckt.

Also gilt es, verstärkt grünen Strom im Verkehr und für die Wärme einzusetzen und fossile durch CO_2-freie Gase und Brennstoffe zu ersetzen. Das kann zu einem guten Teil mit „grünem Wasserstoff" und seinen Derivaten gelingen.

Holger Lösch und Robert Schlögl sind geradezu euphorisch:

„Erneuerbar produzierter Strom braucht einen Partner, der seine Schwächen ausgleicht, der ihn speicherbar, transportierbar, importierbar und in allen Sektoren einsetzbar macht. Wasserstoff ist dieser perfekte Partner."

Und: „Langfristig werden erneuerbarer Strom und Wasserstoff mit seinen Derivaten das Zwillingspaar sein, mit dem der Menschheit die zweite Energierevolution gelingt."

In der industriellen Produktion kann man mithilfe von Wasserstoff als Energieträger Öl, Gas und Kohle ersetzen.

Batteriestrom in Automobilen ist im Grunde technisch eher auf leichtere Fahrzeuge und für kürzere Entfernungen ausgerichtet. Für Langstrecken und bei schweren Fahrzeugen wie Bussen und Lastwagen, aber auch bei großen Schiffen könnte man auf den Brennstoffzellenantrieb setzen. Selbst klimaneutraler Flugverkehr ist möglich.

Warum können Kraftstoffe überhaupt klimafreundlich sein? Nun, gibt man dem Wasserstoff CO_2 aus der Luft zu, bilden sich Kohlenwasserstoffe, die ähnliche Strukturen haben wie solche, die aus Erdöl gewonnen werden.

Im Ergebnis kommt bei der Verbrennung dann nur so viel CO_2 in die Atmosphäre, wie ihr vorher entzogen worden war.

Schon Jules Verne schwärmte einst: „Wasser ist die Kohle der Zukunft".

Später rief Jeremy Rifkin die „Wasserstoffrevolution" aus. Und heute wissen wir: Wasserstoff könnte zum „Erdöl des 21. Jahrhunderts" werden.

Aber ist Wasserstoff wirklich der Stoff, aus dem die klimapolitischen Träume sind?

Claudia Kemfert vom Deutschen Institut für Wirtschaftsforschung scheint da große Zweifel zu haben. Sie hält den „Wasserstoff-Ansatz" für wenig effizient. Und setzt stattdessen auf dezentrale „Kombilösungen":

„Die Energieversorgung der Zukunft ist dekarbonisiert, dezentral, demokratisch und digital: Wind, Sonne, Wasser, Biomasse und Geothermie wirken dezentral im Team. Wenn wir sie alle samt Speicheroptionen für Energie klug miteinander verzahnen, entsteht ein virtuelles Großkraftwerk. Das ermöglicht eine Vollversorgung mit erneuerbaren Energien.

Dafür brauchen wir Künstliche Intelligenz, intelligente Netze und Speicher."

Ein konkretes Beispiel für eine dezentrale Energieversorgung ist das Klimaschutz-Netzwerk des Wittelsbacher Landes mit 19 Städten, Märkten und Gemeinden sowie dem Landkreis Aichach-Friedberg. Netzwerkträger ist das Institut für Energietechnik an der Ostbayerischen Technischen Hochschule Amberg-Weiden (IfE).

Landrat Klaus Metzger: „Wir wollen bis 2040 den Energieverbrauch des Landkreises durch regional erzeugte erneuerbare Energien decken.

Die Grundlage für konkrete Klimaschutzmaßnahmen, die uns an dieses Ziel bringen werden, ist der digitale Energienutzungsplan des Landkreises."

„Auf dem Weg in die Klimaneutralität ist ein Mix aus erneuerbaren Energien wichtig, dazu gehören PV und Solarthermie, Windkraft, Biogas-Nutzung, Wasserkraft, Umweltwärme und die Nutzung von Biomasse" (Maximilian Conrad vom IfE).

Aber unabhängig davon, ob man

- dezentrale Energieversorgung,

- einen weiträumigen Wasserstoff-Ansatz mit großen Anlagen zur Erzeugung von regenerativen Energien oder
- einen Mix aus beiden Strategien

vorzieht: Globaler Klimaschutz würde zumindest für eine Übergangszeit zu Einbußen beim weltweiten Lebensstandard führen, zum Verzicht.

Das sollte allerdings kein wirkliches Gegenargument sein, sind fossile Energieträger doch ohnehin endlich.

Irgendwann müssen sie so oder so durch erneuerbare Energien ersetzt werden. Es geht im Grunde „nur" darum, diesen Zeitpunkt vorzuziehen, um die Erwärmung der Erde zu begrenzen.

Wie hoch aber wäre der Rückgang des Lebensstandards? Das weiß kein Mensch! Auch deshalb nicht, weil es einen großen Unterschied macht, wie effektiv und effizient die ergriffenen Maßnahmen sind und wie das Timing aussieht.

Wer zu spät kommt, den bestraft bekanntlich das Leben. Beim Klimaschutz können relevante „Verspätungen" dazu führen, dass drastischere und kostspieligere Maßnahmen ergriffen werden müssen. Und dass manche Verheerungen gar nicht mehr abgewendet werden können.

Fest steht aber auch, dass Wohlstandseinbußen umso geringer ausfallen werden, je mehr Alternativen man für ein CO_2-freies Wirtschaften zulässt und je technologieoffener die Transformation angegangen wird.

Technologieoffenheit lässt unterschiedliche Entwicklungen und Lösungsansätze zu, beispielsweise:

- die Vermeidung von CO_2 und das Herausfiltern von CO_2 aus der Luft;
- die Nutzung von Wind- und Sonnenenergie und von Kernenergie;
- die Verwendung des batterieelektrischen Antriebes, der Brennstoffzelle und von synthetischen Kraftstoffen.

Es sollte sich die Technologie durchsetzen, die vergleichsweise kosteneffizient und risikoarm ist.

Für globalen Klimaschutz gibt es kein Lehrbuch, kein Patentrezept.

Deshalb sollte er „Versuch und Irrtum" zulassen, gepaart mit Pragmatismus und Realitätssinn. Und er sollte vor allem auf Innovation und Marktkräfte setzen.

Wie aber ließe sich all das am besten umsetzen? Durch einen globalen Emissionshandel! Der sollte alle Sektoren der Wirtschaft und alle Länder umfassen, einen weltweiten Deckel (Cap) festlegen und so den CO_2-Ausstoß der Welt wirksam begrenzen.

Dann könnte der Handel einen weltweit einheitlichen Preis für CO_2 herausbilden.

Dieser würde die Vermeidungs-anstrengungen aller Unternehmen und Menschen effizient koordinieren.

Ein ehrgeiziger globaler Klimaschutz wäre also nicht nur für die Zukunft der Menschheit sinnvoll. Er wäre auch technisch machbar.

Und doch müssen wir
mit der Erderwärmung leben

Das Ziel, den Anstieg der Erderwärmung auf 1,5 Grad im Vergleich zur vorindustriellen Zeit zu begrenzen, ist wohl nicht mehr erreichbar. Das sehen inzwischen die meisten Experten so.

Der globale CO_2-Ausstoß steigt. Und ebenso der CO_2-Gehalt der Atmosphäre.

Seit Beginn der Industrialisierung ist die globale Temperatur bereits um über 1,2 Grad gestiegen. Die 1,5-Grad-Marke werden wir wohl bereits in den nächsten Jahren überschreiten.

Und zwar selbst dann, wenn der Ausstoß von Treibhausgasen nicht mehr steigen, sondern sinken würde.

Auch die 2-Grad-Marke werden wir wohl zur Mitte des Jahrhunderts erreichen. Darauf deuten jedenfalls KI-gestützte Prognosen jüngeren Datums von Wissenschaftlern der Universitäten Stanford und Colorado State hin.

Insgesamt macht sich eine große Desillusionierung breit.

Wie das? Fordert Karl Popper doch zu Recht:

„Optimismus ist Pflicht. Man muss sich auf die Dinge konzentrieren, die gemacht werden sollen und für die man verantwortlich ist."

Warum nur tut die Menschheit das nicht? Die Erklärung ist unfassbar einfach:

Es gibt zwar eine Menschheit, aber keine effizienten politischen Institutionen dieser Menschheit, kein „globales Gemeinwesen", kein funktionsfähiges Weltparlament und keine „Weltregierung" mit starken Regelungskompetenzen und Machtmitteln, die Regeln auch durchzusetzen.

Die Vereinten Nationen können Weltparlament und -regierung nicht ansatzweise ersetzen. Das spiegelt sich allein schon in den Ergebnissen der Weltklimakonferenzen wider.

Beim Pariser Abkommen haben sich nur rund ein Drittel aller Länder auf verbindliche quantitative Emissions-beschränkungen verpflichtet. Ihr Anteil an den globalen CO_2-Emissionen beträgt ebenfalls nur rund ein Drittel. Das ist deutlich zu wenig. Vor allem China, das schon heute allein für rund ein Drittel aller CO_2-Emissionen weltweit steht, ist nicht dabei.

Schlimmer noch: Während etwa Europa deutliche CO_2-Minderungszusagen bis 2030 gemacht hat, will China im gleichen Zeitraum 50 Prozent mehr emittieren!

Mit anderen Worten: Der größte Klimasünder der Welt tritt weiter kräftig aufs Gaspedal. Und das unter den Augen der Weltöffentlichkeit.

Jeder weiß das also. Aber niemand versucht ernsthaft genug, daran etwas zu ändern. Ich werde darauf noch zurückkommen und der Frage nachgehen:

Welche grundlegenden Reformen des Multilateralismus könnten einen Durchbruch zu einem System erfolgreicher klimapolitischer Kooperation künftig möglich machen?

Wir leben in einer „fragmentierten Welt". Diese Welt entwickelt sich auseinander. Angesichts starker Fliehkräfte wird internationale Zusammenarbeit zusehends schwierig. Die Welt zieht selten an einem Strang. Und wenn doch, dann meist nicht in die gleiche Richtung.

Die Welt(un)ordnung ist durch einen Rückzug der Kooperation

und einen Vormarsch der Konfrontation geprägt.

Das ist der eigentliche Grund dafür, dass wir vor einem „Klima-Dilemma" stehen: Zwischen Anspruch und Wirklichkeit liegen in der Klimapolitik Welten!

Der große französische Soziologe Bruno Latour hat das in seinem Buch „Zur Entstehung einer ökologischen Klasse" so beschrieben:
„Mittlerweile hat die ganze Welt verstanden, dass entschiedenes Handeln nötig wäre, um der Katastrophe Einhalt zu gebieten, es fehlt dafür aber an Mittlern, an Motivation, an Führung."

Dabei sah es lange so aus, als wären wir auf einem guten Weg zu einer funktionsfähigen Weltordnung. Zur Herausbildung von internationalen Regeln, deren Einhaltung durch supranationale Institutionen überwacht wird. Leider ist die Welt diesen Weg nicht zu Ende gegangen.

China ließ sich nie weit genug einbinden, vor allem weil es nicht im notwendigen Umfang auf eigene Souveränität verzichten wollte.
Und Russland hat mit seinem Überfall auf die Ukraine die liberale Weltordnung ganz offen infrage gestellt.

Aber auch bei den USA ist nicht wirklich klar, wohin sie langfristig wollen. Ein Teil fühlt sich einer multilateralen Ordnung verpflichtet, ein anderer nicht.

Und so gelangt Herfried Münkler zu der traurigen, aber nicht wirklich überraschenden Feststellung:

„Die internationale Weltordnung ist inzwischen mehr Utopie als mögliche Realität. ... Wir beobachten die Rückkehr zum Staat und zur Nation."

Droht am Ende eine Welt, die nationalistischer, chaotischer und ärmer wird?

Oder gar ein „langsames, aber stetiges Driften in eine internationale Anarchie", wie es der ehemalige australische Premierminister Kevin Rudd befürchtet?

Soweit wird es wohl nicht kommen. Aber vieles spricht dafür, dass die beiden wichtigsten Mächte, die wir für eine bessere Weltordnung brauchen, nämlich die USA und China, in Rivalitäten verstrickt bleiben werden.

Zwei nach der Vorherrschaft strebende Supermächte „unter einen Hut" zu bringen, das ist tatsächlich schwer vorstellbar.

Vor allem China als Hauptemittent von Treibhausgasen gibt Anlass zu globaler Besorgnis:

- Das Reich der Mitte hat seinen CO_2-Ausstoß seit 1990 verdreifacht und emittiert heute mehr Treibhausgase als die OECD zusammen.

- Bereits 2020 lag der CO_2-Ausstoß Chinas mit 8,2 Tonnen pro Kopf (!) deutlich über dem entsprechenden Wert Deutschlands in Höhe von 7,7 Tonnen pro Kopf.

Peking verkündet zwar große Klimapläne.

Gleichzeitig aber baut es
ungebremst Kohlekraftwerke.
Xi Jinping spielt mit gezinkten
Karten.

Wir sollten nicht naiv sein,
sondern es mit Johann Wolfgang
von Goethe halten: Die Botschaft
hör ich wohl, allein mir fehlt der
Glaube.

Jonathan Franzen fragt: „Wann
hören wir auf, uns etwas
vorzumachen?"
Und er fordert: „Gestehen wir uns
ein, dass wir die Katastrophe nicht
verhindern können."

Hat Franzen Recht?

Nicht unbedingt, auch wenn aus heutiger Sicht leider recht viel dafür spricht.

Deutschland und Europa sollten nicht versuchen, das Weltklima im Alleingang retten zu wollen

Manche meinen: Wenn die Welt insgesamt nicht schnell genug vorankommt, wenn Peking mauert, dann müssen halt Deutschland und Europa umso energischer aufs Tempo drücken. Eine gute Idee? Wohl nicht!

Klimawandel ist ein globales Phänomen. Für den CO_2-Gehalt der Atmosphäre spielt es keine Rolle, wer wo Treibhausgas emittiert. Klimaschutz kann also nur dann erfolgreich sein, wenn insgesamt weniger CO_2 ausgestoßen wird.

Das bedeutet: Deutschland und Europa allein können das Klima nicht retten. Und sollten es deshalb auch gar nicht erst unilateral versuchen. Denn ein solcher Versuch wäre zum Scheitern verurteilt.

Die drei größten Emittenten

- China (32,5 Prozent),
- die USA (12,6 Prozent) und
- Indien (6,7 Prozent)

haben zusammen über die Hälfte des globalen menschengemachten CO_2-Ausstoßes zu verantworten.

Im Vergleich zu diesen „CO2-Supermächte" ist Deutschland klimapolitisch ein „Zwerg".
Unser Anteil am weltweiten Ausstoß von Kohlendioxid beträgt ganze 1,8 Prozent (2020).

Selbst wenn Deutschland vollkommen CO2-frei würde, könnte man das auf der Kurve der globalen Emission ohne Lupe kaum erkennen.

Aber die Wirklichkeit ist noch viel schlimmer. Das Verhalten von Deutschland und Europa führt immer zu Anpassungen im überwältigend großen Rest der Welt.

Und häufig genug zu
Anpassungen, die dem Klima
leider schaden.

Etwa dann, wenn ein deutscher
Verzicht mit einem größeren
Appetit anderer einhergeht.

Die globale Nachfrage nach Öl
geht bei deutschen Einsparungen
keineswegs automatisch zurück.

Warum? Andere Länder können
die von uns nicht mehr
gebrauchten Mengen aufkaufen
und verfeuern! Dann würde sich
zwar die Emission Deutschlands
verringern, aber nicht der
weltweite Ausstoß von
Treibhausgasen.

Für das Klima wäre das ein Nullsummenspiel. CO_2-Moleküle haben keine Staatsangehörigkeit. Sie kennen keine Grenzen. Dem Klima ist es egal, wo auf der Welt emittiert oder eingespart wird. Die globale Klima-Bilanz ist entscheidend.

Und die könnte verheerend ausfallen. Denn es ist sogar nicht einmal auszuschließen, dass ein unilateraler Verzicht den Ölpreis drücken und die Öl-produzierenden Länder so motivieren könnte, noch mehr Öl zu fördern als bisher. Und die Folge davon?

Eine zusätzliche Nachfrage in anderen Regionen würde unseren Rückgang überkompensieren.

Das Klima würde sich dann sogar verschlechtern, gerade weil wir verzichten. Ein CO_2-Drama von Shakespeare´schen Ausmaßen!

Henrik Müller hat recht, wenn er feststellt:
„Es könnte sogar so weit kommen, dass nennenswerte Einsparungen auf der einen Seite des Globus zu weniger Klimaschutz auf der anderen Seite führen. … Am Ende wäre der Ausstoß an Treibhausgasen global gar nicht zurückgegangen oder sogar gestiegen.

Aber einige Nationen hätten enorme Kosten geschultert."
Was für eine Ernüchterung!

Ursula von der Leyen hat demgegenüber pathetisch postuliert: „Wir können und müssen es schaffen, dass Europa bis 2050 der erste klimaneutrale Kontinent wird."

Aber ist das überhaupt vernünftig, zumal die EU-27 nur 7,3 Prozent zu den weltweiten CO_2-Emissionen beiträgt?

Manche meinen: ja!
Warum? Weil Europa Schuld auf sich geladen habe, als es sein Wachstum durch die

Industrialisierung mit der Freisetzung von CO2 „erkauft" habe. Und diese historische Schuld würde uns heute verpflichten, besondere Anstrengungen beim Abbau von Treibhausgas-Emissionen auf uns zu nehmen. Europa müsse sich also seiner „historischen Verantwortung" stellen.

Auf ein solches Narrativ pocht natürlich China, das ein Recht auf Entwicklung beansprucht. Aus Europa kommt dazu erstaunlich wenig Widerspruch. Politiker wie Annalena Baerbock scheinen die Position Chinas sogar zu unterstützen.

Warum eigentlich? Warum fordert kaum jemand ein Recht Europas, historisch erreichte Vorsprünge in der Entwicklung verteidigen zu dürfen? Umso mehr als zu Beginn der Industrialisierung das Problem der Treibhausgase nicht wirklich bekannt war.

Vor allem aber: Wenn die Welt den Klimawandel als bedrohlich wahrnimmt und ihn deshalb eindämmen möchte, müssen die Hauptemittenten von Treibhausgasen jetzt auf die Bremse treten - hier und heute und nicht irgendwann und vielleicht!

Wir sollten die Dinge da doch zurechtrücken. Das gilt auch für die Ansicht, Deutschland und Europa sollten eine Art Vorbildfunktion übernehmen, weil andere Länder oder Kontinente unserem Beispiel dann schon folgen würden.

Wer hofft, dass ein Vorreiter Deutschland die Welt verändert, der sollte sich umsehen und vergewissern, ob es auch Nachreiter gibt. Da bin ich eher skeptisch, denn die sind bislang kaum zu sehen. Kein Wunder, ist doch das Ergebnis der deutschen Energiewende alles andere als überzeugend.

Und das nicht erst seit der Energieverteuerung als Folge des Krieges von Russland gegen die Ukraine. Sichtbares Zeichen dafür sind die Energie- und ganz besonders die Strompreise. Die sind bei uns mit am höchsten auf der ganzen Welt.

So kann es nicht wirklich überraschen, wenn Daniel Stelter zu dem verheerenden Ergebnis kommt, „dass die deutsche Energiewende weltweit als Desaster und keineswegs als Vorbild angesehen wird."

Deutscher Idealismus muss sich an der Wirklichkeit messen lassen.

Wenn wir einen ehrgeizigen CO_2-Kurs einschlagen, der mit extrem hohen Energiekosten einhergeht, dann wird das andere kaum überzeugen können.

Vor allem aber gefährden wir unsere Wettbewerbsfähigkeit, den sozialen Frieden und die politische Stabilität.

Was für ein böses Erwachen! Jahrelang hieß es, „dass die grüne Energiewende quasi zwei Fliegen mit einer Klappe schlage, indem sie einerseits die Erderwärmung verlangsame und andererseits der eigenen Industrie einen Wettbewerbsvorteil im Vergleich zu anderen Ländern verschaffe:

Da die Sonne keine Rechnung schicke, habe ein Land, dessen Energien grün seien, auf den Märkten einen Wettbewerbsvorteil und könne den Lebensstandard seiner Bevölkerung heben" (Hans-Werner Sinn, NZZ am 19. 2. 2022).

Aus der Traum! Und damit sind wir bei einem dritten Grund dafür, dass globale Interdependenzen unseren Klimaschutzbemühungen Grenzen setzen - neben der Kompensation eines einseitigen Ölverzichtes durch eine steigende Nachfrage anderer und neben der abschreckenden Wirkung einer verfehlten Energiepolitik für andere:

Wettbewerbsnachteile als Folge überzogener Klimaschutz-Anstrengungen und überhöhter Strompreise können zur Abwanderung vor allem energieintensiver Unternehmen aus Deutschland und Europa führen!

Daran lässt auch Ifo-Chef Clemens Fuest keinen Zweifel. Auf die Frage „Wo wird Europa … in einem Jahr im industriepolitischen Wettbewerb stehen?" antwortet er (Focus online am 9. 3. 2023) kurz und bündig: „In Europa werden energieintensive Industrien abwandern."

In diesem Kontext ist das sogenannte „Carbon-Leakage"-Problem zu nennen. Es bedeutet, dass Unternehmen ihre Produktion wegen klimapolitisch gestiegener Kosten in andere Länder mit für sie „günstigeren" Emissionsbedingungen verlagern können.

Und das wäre fatal für das Klima. Denn nimmt man die CO_2-Emission pro 1.000 US-Dollar als Indikator für die „Klimaeffizienz" der Produktion, dann liegt Deutschland ganz weit vorne. Lediglich die Schweiz, Schweden, Frankreich und Großbritannien stehen noch besser da - Länder also mit Kernenergie.

Deutlich schlechter aber schneiden die USA, Russland und vor allem China ab. Im Ergebnis bedeutet die Verlagerung einer Produktion von Deutschland nach China mehr als eine Verdreifachung der CO_2-Emission.

Das ist deprimierend: Eine ambitionierte unilaterale Klimaschutzpolitik bedroht nicht nur Wertschöpfung, Arbeitsplätze und Lebensstandard im eigenen Land. Sie führt auch zu einer Verschlechterung der globalen Klimabilanz!

Ein Paradoxon nach dem Muster: gut gemeint, schlecht gemacht!

Noch ein weiteres Problem ist hier anzusprechen. Alleingänge beim Klimaschutz bergen gewaltige geopolitische Gefahren.

Es wäre ein absolutes No-Go, wenn Europa wegen seines forcierten Klimaschutzes in der Auseinandersetzung mit China - als der größten Bedrohung für liberale Demokratien - zurückgeworfen würde!

China mauert klimapolitisch! „Kein anderes Land der Welt produziert und verbraucht im Jahr so viel Kohle wie die zweitgrößte Volkswirtschaft der Welt. …

Chinas Staats- und Parteichef Xi Jinping hatte Ende 2020 zugesagt, das zu ändern. Die Volksrepublik werde bis 2060 klimaneutral sein, so das Versprechen. Und: Die CO_2-Emissionen des Landes würden noch vor 2030 ihren Höhepunkt erreichen.

Doch beim Weltwirtschaftsforum in Davos Mitte Januar 2022 bremste Staats- und Parteichef Xi Jinping dann plötzlich die Erwartungen. China werde zwar sein Wort halten und weiter auf seine Ziele hinarbeiten, sagte Xi, doch die Klimaneutralität könne nicht ´über Nacht` erreicht werden.

China verfolge einen ´geordneten Ausstieg aus der traditionellen Energie` und wolle gleichzeitig einen zuverlässigen Ersatz durch neue Energie. So sei eine ´stabile wirtschaftliche und soziale Entwicklung` gewährleistet" (Dana Heide in Handelsblatt Online vom 12. 2. 2022).

Solche Floskeln lassen Schlimmstes befürchten: für den globalen Klimaschutz, aber eben auch für die Länder, die klimapolitisch vorangehen wollen, ohne Wettbewerbsnachteile in Kauf nehmen zu müssen!

Leider sind viele von uns vielleicht etwas zu naiv.

Das gilt nicht für Wolfram Weimer, der klimapolitische „Verzögerungen" Chinas analysiert:

„Nicht die Sorge um die eigene Wirtschaft ist der Grund, sondern eiskaltes Wettbewerbskalkül. Europa soll mit teurer Energie vom Weltmarkt verdrängt werden."

Und weiter: „Im globalen Wettbewerb der Volkswirtschaften sehen chinesische und indische Strategen sogar einen Vorteil ihrer Länder darin, dass Europa durch einen teuren Umstieg auf grüne Energiequellen geschwächt wird.

Mit steigenden Energiekosten werde die Industrie Europas in Probleme geraten, davon könnten Indien und China profitieren. Insbesondere energieintensive Unternehmen könnten gezielt angegriffen werden. …

Allein das BASF-Werk in Ludwigshafen braucht so viel Strom wie ganz Dänemark. Wenn der in Deutschland klimapolitisch teurer wird, sind Produktionsverlagerungen absehbar. Ein chinesischer Chemie-Unternehmer bringt es auf den Punkt: ´Wir machen die Deutschen mit ihrer grünen Klimanaivität jetzt fertig.`"

Also: Vorsicht! Wohin die Reise tatsächlich gehen könnte, zeigt gerade BASF: Im Februar 2023 kündigte deren Chef Martin Brudermüller an, in Ludwigshafen eine Ammoniak-Anlage zu schließen und über 4000 Stellen abzubauen. Gleichzeitig setzt das Unternehmen ein gewaltiges Investitionsprojekt in China fort - trotz aller geopolitischen Risiken. Eine wichtige Rolle spielen dabei die hohen Energie- und Erdgaspreise in Deutschland.

Sitzen wir in einer Energiepreis-falle, aus der wir nicht mehr so einfach herauskommen werden?

Und ruinieren wir gerade unser wirtschaftliches Fundament, auf dem unsere Vorfahren Industrie und Wohlstand aufgebaut haben?

Schlimmer noch: Unterstützen wir damit ungewollt auch noch die größte Gefahr für unsere freiheitliche Ordnung? Die KP Chinas steht heute unter Xi Jinping für Aggression und den Anspruch, die Nummer eins auf der Welt zu werden.

China räumt seiner militärischen Aufrüstung offenkundig Vorrang ein vor einem konsequenten Klimaschutz.

In den zurückliegenden Jahren wuchsen die Militärausgaben Pekings stärker als der Haushalt insgesamt. Allein im letzten Jahr um sieben Prozent. In absoluten Zahlen bedeutet das den bislang größten Anstieg aller Zeiten. Aber bereits in diesem Jahr wird der wohl bereits wieder übertroffen werden.

So hat China während des Nationalen Volkskongresses im März 2023 eine Erhöhung der Militärausgaben um 7,2 Prozent angekündigt. Und wer sich auch nur ein kleines bisschen mit Haushaltsplanung auskennt, ahnt, dass das in einer Autokratie wohl kaum die ganze Wahrheit ist.

Eines aber ist ganz sicher: Der Westen kann der KP Chinas nicht trauen. Es wäre ein fataler Fehler, wenn wir unsere Ressourcen einseitig auf den Klimaschutz konzentrieren würden, während China militärisch aufrüstet und für unsere Sicherheit immer bedrohlicher wird!

Muss Europa am Ende Mittel, die eigentlich für den Klimaschutz vorgesehen waren, in Richtung Sicherheit und Verteidigung umschichten?

Xi Jinping sieht den Aufstieg seines Landes in der Welt durch den Westen bedroht. China müsse „den Mut haben zu kämpfen".

Und Außenminister Qin Gang
warnt die USA offen vor
„katastrophalen Folgen".

Lange Zeit war die sogenannte
„Thukydides-Falle" nur ein
Glasperlenspiel in akademischen
Runden. Thukydides hat vor rund
zweieinhalbtausend Jahren davor
gewarnt, dass es auf einen Krieg
hinauslaufe, wenn eine
aufstrebende Macht eine bereits
etablierte Macht herausfordere.

Heute ist die Frage, die der
Historiker Graham Allison von der
Harvard University in dem Buch
„Destined for War: Can America
and China Escape Thucydides's
Trap?" stellt, todernst gemeint:

Können die USA und China der Thukydides-Falle noch entkommen?

So oder so: Klimapolitik darf sicherheitspolitisch und geostrategisch nicht blind sein. Dies gilt umso mehr, als Europa das Weltklima ohne China und auch ohne die USA und Indien ohnehin nicht retten kann.

Wie unterschiedlich Europa und vor allem Deutschland auf der einen Seite und Asien auf der anderen Seite ticken, wurde im Übrigen auch - auf fast schon skurrile Weise - deutlich, als Olaf Scholz im Februar 2023 in Neu-Delhi Narendra Modi traf:

Während der Bundeskanzler für Klimatechnologien warb, hatte der indische Regierungschef andere Prioritäten. Sein Interesse galt „eher Rüstungsexporten und den großen geostrategischen Fragen als erneuerbaren Energien", so Christian Wagner, Asien-Experte der Stiftung Wissenschaft und Politik.

Europa tut sich keinen Gefallen mit seinem Alleingang in der Klimapolitik. Es schneidet sich ins eigene Fleisch. Daran ändert im Übrigen auch nichts, dass sich die EU erkennbar bemüht, klimapolitisch nicht in geoökonomische Fallen zu tappen.

Deshalb setzt sie auf eine CO_2-Grenzabgabe.

Ein „Carbon Border Adjustment Mechanism" (Cbam) soll unterschiedliche Klimastandards bei der Einfuhr ausgleichen helfen. Damit sollen Abgaben auf Waren erhoben werden, bei deren Produktion im EU-Ausland klimaschädliche Gase ausgestoßen werden.

Das sieht allenfalls auf den ersten Blick gut aus. Bei näherer Betrachtung aber kritisiert etwa Markus Ferber (Politische Studien, 501, 2022), dass die Exportwirtschaft zu kurz käme:

„Selbst wenn der neue CO_2-Grenzausgleichsmechanismus wider Erwarten problemlos implementierbar und kompatibel mit internationalem Recht wäre, hätten wir zwar für gleiche Wettbewerbsbedingungen im Europäischen Binnenmarkt gesorgt, aber exportorientierten europäischen Unternehmen, die auch in außereuropäischen Märkten mit der internationalen Konkurrenz im Wettbewerb stehen, ist wenig geholfen."

So könne eine Grenzabgabe nicht verhindern, dass vor allem energieintensive europäische Exporte weniger wettbewerbsfähig würden.

Entsprechende Produktionen würden dann halt an „schmutzige Standorte" außerhalb der EU abwandern.

Bliebe als letzter Ausweg die Subvention von Unternehmen, damit diese gegenüber ihrer „schmutzigen" Konkurrenz nicht ins Hintertreffen geraten. Das aber könnte finanzpolitisch in einem Desaster mit enormen Wohlstandsverlusten enden.

Damit steht die EU vor einem „magischen Dreieck":

Ambitionierter Klimaschutz, fairer Wettbewerb und Schonung des Steuerzahlers sind unter den globalen Rahmenbedingungen heute nicht gleichzeitig erreichbar.

Wir laufen Gefahr,
unsere Möglichkeiten völlig falsch einzuschätzen.
Uns zu „verheben".
Unser Land zu deindustrialisieren und unseren Systemrivalen China zu stärken, ohne den Klimawandel entscheidend einzudämmen.
Und gravierende wirtschaftliche und soziale Verwerfungen und im schlimmsten Fall sogar Erschütterungen unserer politischen Ordnung zu riskieren.

Wir brauchen dringend eine
Entideologisierung der
Klimapolitik!

Europa kann einen ambitionierten
Alleingang nicht verantworten.

Klimaschutz braucht globale
Kooperation.

Multilateralismus könnte das Klimaproblem theoretisch lösen

Je weniger Europa direkt zur Eindämmung des globalen Klimawandels beitragen kann, desto wichtiger wird seine Klima-Außenpolitik.

Sie sollte sich mit allem Nachdruck endlich für eine grundlegende Reform der Weltklimakonferenz einsetzen. Denn bislang verpflichten sich deutlich zu wenig Staaten zu verbindlichen quantitativen Einschränkungen.

Es sollten aber mindestens alle großen CO_2-Emittenten sein, im Grunde sogar alle Staaten.

In diesem Fall sollten die reichsten Länder den ärmsten den Umstieg auf klimafreundliche Technologien ein Stück weit erleichtern.

Effiziente Lösungen setzen immer einen Ausgleich „am unteren Rand" voraus. Allerdings dürfen sich Industrieländer, die ohnehin vor gigantischen Aufgaben stehen, hier nicht vollends überfordern.

Die Weltklimakonferenz braucht aus ökonomischer Sicht jedenfalls ein institutionelles Redesign. Es gilt, den Aushandlungsprozess zunächst zwischen den Hauptemittenten grundlegend zu verändern.

Anstatt wie bisher bloß auf den Goodwill einzelner Länder zu setzen, sollte künftig die Regel gelten: Entweder verpflichten sich alle großen Emittenten von Treibhausgasen gemeinsam auf überprüfbare und sanktionsbewehrte Reduktionen, oder kein Land ist in der Pflicht.

Ein solcher Paradigmenwechsel wäre eine Sternstunde für das Weltklima. Ökonomen wissen seit Langem, dass öffentliche Güter wie ein menschenverträgliches Klima zu kurz kommen, wenn es Trittbrettfahrer gibt, die von den Anstrengungen anderer profitieren wollen, ohne selbst notwendige Beiträge zu leisten.

In Deutschland hat ganz besonders Horst Hanusch dazu bereits vor Jahrzehnten bahnbrechende Grundlagenforschung geleistet. Mir ist unverständlich, warum Bundesregierung, EU-Kommission und Weltklimakonferenz nicht stärker auf solche Erkenntnisse zurückgreifen.

Heute ist die Weltklimakonferenz nicht ansatzweise in der Lage, dem Klimawandel ernsthaft genug begegnen zu können. Bislang stehen zu wenigen Altruisten, die Verpflichtungen eingegangen sind, zu viele Egoisten gegenüber, die nur auf die anderen schauen und damit durchkommen.

Und der Verlierer ist das öffentliche Gut: Weltklima!

Viel erfolgversprechender wäre es da doch, nach dem „Wenn-dann"-Prinzip zu verhandeln. Statt Reduktionsverpflichtungen unilateral einzugehen, würde Europa eigene Zusagen an vergleichbare Zusagen anderer wichtiger Emittenten von Treibhausgas knüpfen.

Auch wenn das Idealisten nicht gerne hören: In der Realität sind kollektive Verhandlungen dann zielführend, wenn sie zu reziproken Vereinbarungen führen, also zu Vereinbarungen auf Gegenseitigkeit.

Denn „Egoismus ist ansteckender als Altruismus", so Axel Ockenfels, ein angesehener Spieltheoretiker.

Da es hier um Macht und Interessen geht, liegt es auf der Hand, dass entsprechende Reformbemühungen zunächst einmal wenig Chancen haben werden.

Europa ist scheinbar in eine Falle getappt. Es ist enorme Verpflichtungen eingegangen. Andere, die demgegenüber gut davon gekommen zu sein scheinen, haben zunächst einmal wenig Interesse, ihren scheinbaren Vorteil durch Reformen aufs Spiel zu setzen.

Die Hoffnung besteht freilich darin, dass auch diese Länder und vor allem China ein Interesse an Veränderung bekommen könnten. Vor allem dann, wenn sie sehen, dass ihre Vorteile durch eine klimabedingte Verschlechterung ihrer Lebensbedingungen überkompensiert werden.

Jedenfalls wird der Weg zu einem modernisierten Multilateralismus lang und dornenreich. Aber auch ein solcher Weg beginnt immer mit einem ersten Schritt.

Dieser erste Schritt könnte ein „Klimaklub" sein.

Ein Klub, der den freien Handel untereinander von einem klimapolitischen Gleichschritt seiner Mitglieder abhängig macht.

Am besten wäre die volle Beteiligung Chinas an einem Emissionshandel, an dem auch Europa und die USA teilnehmen.

"Wenn sich die EU mit den USA und China zusammentut, können sie eine G3 des Klimas bilden, einen Block der größten Wirtschaftsmächte und Treibhausgasemittenten, der die Spielregeln für den gesamten Planeten bestimmen kann", so Ottmar Edenhofer.

In einem solchen Klimaklub würden alle Mitglieder einen CO_2-Preis erheben. Dieser dürfte nicht unter ein bestimmtes Niveau fallen und würde so einen fairen Wettbewerb ermöglichen.

Das wäre ein Königsweg! Aber warum „wäre"? Weil eine solche Option derzeit kaum in Sicht ist! Weil zu befürchten ist, dass China klimapolitisch ganz bewusst dauerhaft „hinterherhinken" will.

Aber auch hier gibt es eine Hoffnung: das Interesse Chinas an einer wirtschaftlichen Kooperation mit dem Westen.

So sehr der Gedanke eines Klima-Multilateralismus, der den Egoismus der Staaten als Triebfeder des Fortschritts für die Welt insgesamt nutzbar macht, Schwung in die Bemühungen um die Eindämmung der Erderwärmung bringen könnte: Er tut es nicht. Jedenfalls noch nicht.

Und derzeit spricht besonders wenig dafür, dass sich das bald ändern könnte, im Gegenteil. Die Perspektiven sind stark eingetrübt.

Der Krieg Russlands gegen die Ukraine markiert eine Zeitenwende - weg von Kooperation hin zu Konfrontation.

Einem geschwächten Russland wird kaum etwas anderes übrig bleiben, als sich verstärkt China zuzuwenden. Und Peking selbst sieht Moskau zunehmend als Partner gegen den Westen, von dem es sich in seiner Rückkehr zu alter Größe behindert fühlt. Künftig werden wir eine Art Blockbildung sehen: Autokratische Systeme unter Pekings Führung auf der einen Seite, liberale Demokratien auf der anderen.

Alles in allem: schlechte Zeiten für kooperative und konzertierte Maßnahmen gegen den Klimawandel!

Was also, wenn

- es uns bis auf Weiteres nicht gelingt, China mit ins Boot zu holen, und
- „Plan A" als „Königsweg der Klimapolitik" zunächst scheitert - mit einer aufkommenden „radikalen Desillusionierung" Europas?

Ganz einfach, dann müssen wir eben einen „Plan B" verfolgen! Wie aber sollte der aussehen?

Plan B:
Kluge Klima-Realpolitik!

Eines dürfen wir unter keinen Umständen tun: die Hände in den Schoß legen - aus Enttäuschung über den kruden Egoismus anderer.

Im Gegenteil, Deutschland und Europa sollten sich mit aller Kraft darauf vorbereiten, dass die Welt stark steigende Temperaturen nicht abwenden kann. Dass die Egoisten dieser Welt uns dazu zwingen, unseren Kurs zu ändern - weg von einem altruistischen Klimaschutz hin zu einer mehr egoistischen Klima-Realpolitik.

Nachfolgende Überlegungen haben ihre Grundlage in der ökonomischen Rationalität als wesentlichem Baustein theoretisch-normativer Wirtschaftswissenschaft. Klar ist: Politische Entscheidungsträger unterliegen einer politischen Rationalität und institutionellen Rahmenbedingungen.

Sind meine Überlegungen also „nur" L´art pour l´art? Mitnichten! Nach meiner Überzeugung sind Gesellschaften im Wettbewerb um die Zukunft auf Dauer besser aufgestellt, wenn sie die ökonomische Rationalität nicht unter den Teppich kehren.

Wenn sie die Kluft zwischen ökonomischer Rationalität auf der einen Seite und politischer und institutioneller Rationalität auf der anderen nicht zu groß werden lassen.

Drei Elemente vor allem sind es, mit denen ich mich in diesem Sinne befassen will:

- Wirtschaftliche Chancen des Klimaschutzes und der Energiewende ergreifen!

- Klimaschutz nicht mit blindem Eifer, sondern mit neuem Realismus betreiben!

- Schwerpunkt in der Klimapolitik auf eine vorausschauende Anpassung an den unvermeidlichen Klimawandel legen!

Klimapolitischer „Egoismus" und ökonomisch-rationale Klimapolitik bestehen darin, für jeden investierten Euro den maximalen Ertrag erzielen zu wollen.

Extrem stark vereinfacht sieht das so aus: Wenn Deutschland mit einem Anteil von einem Prozent an der Weltbevölkerung einen zusätzlichen Euro in den globalen Klimaschutz investiert, dann erhält es einen direkten „Klima-Nutzen".

Der aber beträgt nur einen einzigen Cent.

Jeder dritte Staat will sich im weitesten Sinne so ähnlich wie Deutschland verhalten.
Deshalb kann man stark vereinfacht sagen, dass wir direkt und - dank unserer „Mitstreiter" - indirekt insgesamt 33 Cent für unseren Euro zurückbekommen.

Wenn wir unseren Euro aber in Maßnahmen zur Klimaanpassung investieren, etwa in unser Gesundheitssystem, die Klimatisierung unserer Städte oder den Hochwasserschutz, dann sieht es ganz anders aus.

Denn dann erhalten wir cum grano salis einen Klima-Vorteil in voller Höhe des eingesetzten Euros.

Rationale Klimapolitik aus ökonomischer Sicht bedeutet eine optimierte Aufteilung des monetären Klimabudgets. Und zwar auf Maßnahmen des Klimaschutzes und der Klimaanpassung. Diese Optimierung führt zu Investitionen dort, wo der Grenznutzen am größten ist.
Somit habe ich mir die Frage gestellt, was passiert, wenn China aus geopolitischen Gründen zu wenig in den globalen Klimaschutz investiert?

Dann gibt es bei anderen Ländern eine rationale Verschiebung ihrer Maßnahmen zugunsten der Anpassung an den Klimawandel!

Diesen Shift im Maßnahmen-Mix als Folge von geopolitischem Egoismus der Kommunistischen Partei Chinas könnte man auch als „Thürmer-Theorem" bezeichnen.

Wie komme ich bloß darauf? Gar nicht! Es war ein von mir hochgeschätzter Wirtschaftswissenschaftler, der diese Bezeichnung einmal im Rahmen eines Diskurses spontan vorgeschlagen hat.

Und warum das? Er stellte fest, ich würde grundsätzlich das Modell des Homo oeconomicus und den methodologischen Individualismus auf Nationalstaaten übertragen und so eine rationale Anpassung nationaler Klimapolitik an das Verhalten anderer Länder theoretisch erklären.

So weit, so gut. Aber eines sei ihm bislang nicht bekannt gewesen: die theoretische Ableitung einer systematischen Verschiebung der Prioritäten vom Klimaschutz hin zur Klimaanpassung als „China-Shift". Das sei innovativ und hervorhebenswert. Nun gut, mir scheint das vielleicht etwas übertrieben zu sein.

Alles andere als übertrieben, wenngleich in der Politik noch längst nicht angekommen, ist aber der Befund: Unter den heutigen Bedingungen der globalen Klimapolitik gibt es starke Anreize, vorrangig in nationale Projekte der Anpassung an die Klimafolgen zu investieren. Und dafür im Gegenzug Investitionen in den globalen Schutz des Klimas zu vernachlässigen.

Es ist mithin alles andere als abwegig, davon auszugehen, dass Deutschland und Europa künftig leider, aber aus theoretisch nachvollziehbaren Gründen verstärkt „klimaegoistisch" handeln werden.

Und das könnte dazu führen, dass unser Kontinent mit den schlimmsten Auswirkungen der Erderwärmung wohl einigermaßen zurechtkommt, während andere Regionen weitaus stärker unter die Räder der Naturgewalten kommen.

Wäre das mit europäischen Werten vereinbar? Ich meine: ja, weil wir kooperativ und guten Willens waren, aber große Emittenten wie China zu lange auf die geopolitische Egoismus-Karte gesetzt und uns so keine verantwortbare andere Wahl gelassen haben.

Anpassung unseres Kontinents an den Klimawandel

Aus ökonomischer Sicht sollte Europa unter den heute obwaltenden Bedingungen seiner eigenen Vorbereitung auf unausweichliche Auswirkungen der Erderwärmung Vorrang einräumen vor der Einschränkung europäischer CO_2-Emissionen für einen globalen Klimaschutz.

Und das heißt, dass wir uns jetzt vor allem darauf einstellen sollten, mit den Konsequenzen des Klimawandels bestmöglich zu leben.

Das sollte unser Kernanliegen werden: Europäische Klimaresilienz an erster Stelle, globaler Klimaschutz an zweiter!

Klimaresilienz verringert unser Klimarisiko deutlich. Wir können nicht darauf vertrauen, dass sich andere und vor allem China künftig doch noch kooperativ genug verhalten könnten mit dem Ziel, die Erwärmung der Erde gemeinsam effektiv zu begrenzen. In diesem Fall schlägt unser Klimarisiko voll zu. Auch deshalb müssen wir uns vom (Fehl-) Verhalten anderer unabhängiger machen und unser Klima-Schicksal mehr als bislang selbst in die Hand nehmen.

Und das im Übrigen umso mehr, als Kohlendioxid ohnehin jahrzehntelang in der Atmosphäre bleibt und sich die Temperatur selbst bei Klimaneutralität erst langsam abflacht.

Die wichtigste Aufgabe deutscher und europäischer Politik wird wohl darin bestehen, neue Ziele zu setzen, die erreichbar sind und die den Menschen unmittelbar etwas bringen.

Dazu gehört auch eine starke und innovative Industrie. Denn nur die kann Lösungen bereitstellen, die sowohl den Klimawandel selbst als auch seine Auswirkungen auf uns eindämmen.

Zu den Zielen muss aber auch mehr Umweltschutz zählen. Bislang gibt es nämlich in der Umweltpolitik eine große Ernüchterung: Klimafreundlich ist nicht gleich umweltfreundlich.

So ist etwa Wasserkraft klimafreundlich, aber nicht gut für den Fluss mit seiner Artenvielfalt. Wer wollte behaupten, Windkraftanlagen seien eine Bereicherung für die Natur? Und Maisfelder: mal ehrlich, eine Katastrophe für die Biodiversität!

Alles in allem ist der Naturschutz bislang der große Verlierer der Energiewende. Klimapolitik ist Landnutzungspolitik.

Energie wird nicht mehr aus der Tiefe, sondern aus der Fläche geholt.

Wir brauchen aber nicht nur eine umweltfreundlichere Energieerzeugung. Aus ökonomischer Sicht brauchen wir meines Erachtens vor allem einen Paradigmenwechsel - hin zu einer vorausschauenden Anpassung an die Folgen der unausweichlichen Erderwärmung.

Diese Anpassung sollte zum „Markenkern" einer neuen Klima-Realpolitik werden. Einer Politik, die die Widerstandsfähigkeit der Umwelt und des menschlichen und sozialen Lebens stärkt.

Für die Gesellschaft ist es allemal besser, erwartbare disruptive Entwicklungen aktiv zu gestalten, als nur passiv darauf zu reagieren.

Deshalb sollten wir jetzt massiv in die Erforschung der Klimafolgen und der optimalen Anpassung daran investieren! Manch junger Mensch sollte sich überlegen, ob er nicht besser hier seine Zukunft als wertvolles Mitglied der Next Generation sieht, anstatt schöpferische Kraft mit einer Klebe- und Kartoffelbrei-Philosophie zu vergeuden.

Ein Musterbeispiel für praktische Klimapolitik ist das Zentrum für Klimaresilienz in Augsburg.

Andere beneiden die Fuggerstadt schon heute darum.

Eröffnet im Oktober 2022, soll es alle Kräfte der Universität Augsburg bündeln, die mit dem Forschungsthema Klimaresilienz zusammenhängen. Hinzu kommen zehn Professuren verschiedener Disziplinen, überwiegend finanziert aus der „Hightech Agenda Bayern".

Mit dieser geballten Kompetenz soll das Zentrum ganzheitliche und auch umsetzbare Strategien zur Anpassung an die Auswirkungen des Klimawandels entwickeln.

Es soll unter anderem helfen zu ergründen, wie Kommunen den Folgen des Klimawandels ganz praktisch begegnen können.

Für Kommunen geht es etwa um eine „neue Klimaarchitektur" mit mehr Grün und weniger versiegelten Flächen, mit autofreien Innenstädten und hellen Oberflächen, die die Sonnenstrahlung stärker reflektieren und so deutlich weniger Hitze absorbieren.

Aber auch ganz generell müssen wir uns auf eine Zunahme der Wetterextreme einstellen.

Auf eine Achterbahnfahrt mit Hitzewellen und Niedrigwasser sowie Starkregen und schweren Überflutungen.

Deshalb brauchen wir etwa

- ein zukunftsfähiges Niedrigwasser-, Trockenheits- und Dürremanagement,
- einen robusten Hochwasserschutz,
- eine klimaangepasste Landwirtschaft und
- einen Umbau des Waldes mit klimatoleranten Bäumen.

Auch müssen wir uns darauf einstellen, dass exotische Insekten nach Deutschland einwandern. Das Dengue-Fieber wird auch bei uns heimisch werden. Malaria wird sich ausbreiten. Ebenso Pollenallergien, weil die globale Erwärmung zu einer ganzjährigen Pollensaison führen könnte. Und es könnte eine Zunahme von gefährlichen Pilzerregern und Pilzinfektionen geben.

An all das muss sich unser Gesundheitswesen anpassen. Genauso wie an andere gesundheitliche Folgen höherer Temperaturen für den Menschen.

Städte sind „Hitzeinseln", auf denen es bis zu zehn Grad heißer sein kann als im Umland.

Hitze kann gerade ältere Menschen besonders stark gefährden. Berichten zufolge starben 2018 bei uns 20.000 Ältere an Hitze. Damit liegt Deutschland auf Platz 3 hinter Indien und China. Und die Hitzebelastung wird künftig noch weiter zunehmen.

Weltweit wird es Ernteausfälle und Hungersnöte geben. Auch darauf müssen wir uns vorbereiten.

Genauso wie auf Megabrände und stark steigende Meeresspiegel.

Und auf zunehmende regionale und internationale Konflikte.

Insgesamt müssen wir uns auf eine beispiellose Klimaflucht einstellen. Auch mit einem effektiven Schutz der Außengrenzen der EU.

Uns wird es in Zeiten eines sich beschleunigenden Klimawandels deutlich besser gehen als den Menschen in vielen anderen Teilen der Welt. Und das wird Europa noch attraktiver für Migration machen.

Wir brauchen mutige und kreative Lösungen. Es gibt dramatisch viel zu tun. Packen wir´s also an!

Und eines sollten wir auch in unsere strategischen Überlegungen einbeziehen: Eine proaktive Anpassung an den Klimawandel eröffnet viele neue Geschäftsfelder mit großem Potenzial. Die damit für uns einhergehenden wirtschaftlichen Chancen sollten wir bestmöglich nutzen!

Deutschland und Europa als Standort für Klima- und Energietechnologien

Diese Chancenorientierung betrifft natürlich auch Maßnahmen zur Eindämmung des Klimawandels. Denn auch wenn wir uns künftig verstärkt den Auswirkungen der Erderwärmung widmen, so bedeutet das ja in keiner Weise, dass der Klimaschutz damit erledigt wäre, ganz im Gegenteil.

Völlig unumstritten ist, dass wir bei den Klimatechnologien das Feld nicht China oder den USA überlassen sollten.

So sehr die Kosten der Transformation in das regenerative Zeitalter Wirtschaft und Gesellschaft belasten und deshalb zu begrenzen sind, so intensiv sollten wir Innovationen fördern und uns an der Wertschöpfung für eine Modernisierung der Welt beteiligen.

Das betrifft die Energie- und Verkehrswende, aber auch Investitionen in den energetischen Umbau der Wirtschaft und beim Wohnen. Hier sollten wir sogar Klassenprimus werden. Gerade wasserstoffbasierte Technologien aus Deutschland könnten zu einem Exportschlager werden.

Ein Beispiel dafür: MAN Energy Solutions. Dieses Unternehmen sieht sich als Global Player, der maßgebliche Beiträge zur Vermeidung von CO_2 leisten kann (Augsburger Allgemeine vom 4. 2. 2023):

- Das Unternehmen liefert Elektrolyseure
- und Schiffsmotoren, die mit synthetischem Gas fahren können.
- Eine Auffang- und Abscheide-Technologie hilft in der Zementherstellung, große Mengen von CO_2 einzusparen.

In Norwegen entsteht „die weltweit erste Kohlenstoff-Abscheideanlage im Industriemaßstab in der Zementherstellung".

- Mit MAN-Technologie entsteht bei BASF in Ludwigshafen die „größte Wärmepumpe der Welt".

In der Summe sieht MAN Energy Solutions nach eigenen Angaben für sich die Möglichkeit, „rechnerisch zehn Prozent des weltweiten CO_2-Ausstoßes zu vermeiden".
Augsburg habe die Chance, „das Mekka der Wasserstoffindustrie zu werden".

Damit Klimaschutz in Europa nachhaltig zu Wertschöpfung und Arbeitsplätzen beiträgt, muss der alte Kontinent ein attraktiver Industriestandort auch für klimaschonende Technologien bleiben oder: wieder werden.

Denn auch hier zählt die Wirklichkeit und nicht bloßes Wunschdenken. So stellt Clemens Fuest völlig zu Recht fest: „Europa muss damit leben, dass die verbreitete Vorstellung, die europäische Industrie könnte im Bereich der klimaschonenden Technologien weltweit führend werden, wohl zu optimistisch war."

Das liegt auch daran, dass Europa in der Vergangenheit ziemlich geschlafen hat. Beispiel Photovoltaik: „Während europäische und vor allem deutsche Solarunternehmen anfangs die Branche anführten, dominieren chinesische PV-Konzerne heute in vielerlei Hinsicht die gesamte Wertschöpfungskette."

„Mehr als 80 Prozent der globalen Produktionskapazitäten für Solartechnik befinden sich in China. Ob bei Polysilizium, dem Stoff zur Herstellung von Solarzellen, Vorprodukten für die Module wie die sogenannten Ingots und Wafer, fertigen

Solarzellen oder den kompletten Solarmodulen - der Anteil Chinas in den einzelnen Segmenten liegt laut einer aktuellen Analyse der Unternehmensberatung McKinsey mittlerweile zwischen 68 und 95 Prozent." (Handelsblatt online vom 16. 02. 2023)

Wir sind bei der Photovoltaik von China noch abhängiger, als wir es beim Erdgas von Russland waren. Damit hat sich unsere Politik in ein geostrategisches Risiko begeben. China ist sich seiner Macht bewusst. Und es gibt deutliche Hinweise, dass es diese auch einsetzen wird.

Nicht nur im Bereich der Photovoltaik nehmen Peking, aber auch Washington gigantische Mittel in die Hand, um die Attraktivität ihrer Produktionsstandorte zu erhöhen. Und um Klimaschutztechnologien „made in China" und „made in USA" massiv zu fördern. Die USA zuletzt mit dem „Inflation Reduction Act" (IRA).

Damit will Washington etwa die Herstellung erneuerbarer Energien, von Elektroautos und Batterien, aber auch energieintensive Industrien mit rund 370 Milliarden Dollar subventionieren.

Europa muss dieser Herausforderung mit einer Doppelstrategie begegnen. Zum einen muss es versuchen, dem IRA auf dem Verhandlungswege noch die giftigsten Zähne zu ziehen. Aber es muss, zweitens, auch Geld in die Hand nehmen, damit Europa als Standort für Klimatechnologien, für Solartechnik, Wasserstoffanlagen, Wärmepumpen, Batterien und Elektroautos attraktiver wird. Damit Unternehmen ihre Produktionsstätten und Lieferketten in Europa lassen und hier investieren.

Leider schrillen die Alarmglocken bereits unüberhörbar.

Der Automobilzulieferer Schaeffler will verstärkt in den USA investieren. Und werden VW und Audi künftig Elektroautos vermehrt in Amerika bauen?

Ferdinand Dudenhöffer, Direktor des Duisburger Centers Automotive Research, kritisiert den Abbau der Förderung von E-Autos in Deutschland und warnt:

„Die USA gehen voll in die Umrüstung, unterstützen den Kauf eines E-Autos mit bis zu 7.500 Dollar, wenn die Batterien in den Staaten gefertigt wurden. Der europäische Markt läuft schwächer, weil hier die Kosten zu hoch sind.

Die USA und China werden stärker nach Europa exportieren, und die deutschen Autobauer stellen sich darauf ein."

Immerhin hat die EU erkannt, dass der IRA den USA einen wichtigen Wettbewerbsvorteil bei Investitionen in die Herstellung klimafreundlicher Technologien verschaffen könnte. Und sie arbeitet mit Hochdruck an einer europäischen Antwort.

Das Schlimmste, was Europa passieren könnte, wäre ein Szenario, in dem wir E-Autos fahren (müssen), die aber nicht bei uns, sondern in den USA und in China produziert werden.

Das wäre ein GAU im
Transformationsprozess zur
Klimaneutralität!
Wir müssen hier höllisch
aufpassen!

Das betrifft ganz besonders China.
Gemessen am CO2-Ausstoß heute,
trägt das Reich der Mitte bislang
einen viel zu kleinen Anteil an den
Kosten für den globalen
Klimaschutz, tut aber fast alles,
um hohe Gewinne aus der
Herstellung von Produkten zu
erzielen, die in anderen Regionen
der Welt den Ausstoß von
Treibhausgasen reduzieren sollen.

Es verbietet sich, China eine Strategie des „Cherry Picking" durchgehen zu lassen, die Internalisierung der Erträge und die Externalisierung der Kosten des Klimaschutzes!

Leider ist China unter Xi Jinping zu einem internationalen „Unruheherd" geworden - mit einer starken Aufrüstung, einer zunehmend aggressiven Außenpolitik und einer Art Klimaschutz-Verweigerungspolitik. Damit darf das Reich der Mitte nicht durchkommen. Deutschland und Europa müssen sich dieser Herausforderung mit ganzer Kraft stellen.

Verantwortbarer Klimaschutz

Auch wenn es unfaire Standortkonkurrenten wie China gibt, sollte uns das nicht daran hindern, Klimaschutz zu betreiben und regenerative Energien auszubauen, aber: in einem wirtschaftlich vernünftigen und verantwortbaren Maß.

Unser Kurs sollte effektiv, effizient und flexibel sein. Und das Signal senden: Wir gehören nicht zu den „engstirnigen Egoisten" dieser Welt, sondern zu denjenigen, die bereit sind, am Klimaschutz engagiert mitzuwirken, sofern es dafür genügend relevante „Mitstreiter" gibt.

Wir wollen an der Spitze der Bewegung stehen, wenn der Globus klimapolitisch „durchstarten" sollte.

Vielleicht kommt es ja doch noch zu einer „späten Einsicht" der großen „Klimasünder", wenn die Auswirkungen der Erderhitzung noch spürbarer werden.

Aber wir sollten mehr als bisher darauf achten,

- die Grenzen der „ökologischen Belastungsfähigkeit" von Unternehmen und Haushalten nicht zu überschreiten -

etwa bei den Stromkosten oder bei der Installation von Wärmepumpen,

- anstelle von Verboten die Effizienz der Märkte zu nutzen und
- auf marktwirtschaftliche Anreize zu setzen, vor allem auf eine CO2-Bepreisung.

Dieser Weg ist viel besser, als es kleinteilige Vorschriften und Verbote je sein könnten. Wo möglich, sollten wir anstelle von Verboten (etwa für den Verbrennermotor oder für Gas- und Ölheizungen) auf die Einbeziehung in den Emissionshandel setzen.

Letzten Endes ist es dem Klima nämlich völlig egal, wo CO_2-Einsparungen erfolgen. Ein effizienter Emissionshandel nutzt den Suchprozess des Wettbewerbes und die Innovationskraft der Menschen, um Klimaziele zu erreichen. Er kommt ohne vermeidbare Wohlstandsverluste aus.

So oder so: Die bisherigen Ziele sind extrem ambitioniert. Es scheint, als sollten wir nicht so ehrgeizig zu Werke gehen. Der Pfad der Reduktion europäischer und deutscher CO_2-Emissionen sollte dem internationalen Umfeld besser angepasst sein.

Und das heißt nach Ansicht vieler Ökonomen: Er müsste deutlich flacher werden.

Unsere Anstrengungen sollten im Gleichschritt mit anderen Industrieländern erfolgen, mit denen wir im Wettbewerb stehen. Und im Gleichschritt mit Autokratien, die Sicherheit, Frieden und Freiheit westlicher Demokratien bedrohen.

Wir dürfen das Verhalten geopolitischer und geoökonomischer Wettbewerber nicht einfach ignorieren, sondern wir müssen es in unser Kalkül mit einbeziehen.

Nur dann können wir einen verantwortungsvollen Klimaschutz betreiben. Und nur dann können wir „ungestraft" eine „moralische Vorreiterfunktion" in der Klimapolitik übernehmen.

Klimaschutz in Deutschland und Europa darf nicht dazu führen, dass wir uns überfordern und China unterfordern. Dass wir Deutschlands Deindustrialisierung riskieren und gleichzeitig Chinas Aufstieg zur wirtschaftlichen und militärischen Supermacht des 21. Jahrhunderts fördern.

Realistische Energiewende

„Ohne gesicherte Energieversorgung wird die Industrie abwandern", so Ifo-Chef Clemens Fuest. Mit anderen Worten: Wir brauchen dringend eine sichere und bezahlbare Versorgung mit Energie!

Bis vor Kurzem war unsere Strategie ziemlich klar:

- langfristig ausschließlich erneuerbare Energien und Wasserstoff, zu einem großen Teil aus fernen Ländern importiert, und

- übergangsweise massiver Ausbau von Gaskraftwerken.

Diese Art der Energieversorgung könnte technisch funktionieren. Aber die zeitliche Dimension dieser Aufgabe wurde vielerorts wohl unterschätzt.

Gleichzeitig wurde die Frage nach den Kosten und den damit verbundenen Auswirkungen auf Wettbewerbsfähigkeit und Wohlstand nie wirklich belastbar beantwortet.

Seit dem russischen Krieg gegen die Ukraine gibt es jetzt noch ein weiteres Problem:

Die „Gasbrücke" in die Zukunft der erneuerbaren Energien gerät ins Wanken. Sie droht einzustürzen.

Worauf greifen wir also in der Zwischenzeit zurück?

- Auf heimische Schiefergasförderung?
- Auf Kernenergie?
- Oder auf Kohlekraftwerke, mit oder ohne Abfangen und Speichern von CO_2, das bei der Kohleverbrennung entsteht?

Clemens Fuest meint, und er steht damit nicht allein:

„Wir werden es bis 2030 nicht schaffen, aus der Kohle auszusteigen."

Der Einsatz klimaschädlicher Kohlekraft führt im Übrigen dazu, dass „in der EU derzeit nur noch in Polen schmutzigere Energie hergestellt wird als in Deutschland" (Klaus Josef Lutz am 4. 3. 2023 in der Augsburger Allgemeinen). Was für ein Paradoxon!

Deutschlands energiepolitische Strategie ist bislang mehr vom Wunsch als von der Wirklichkeit getragen. Und das gleich in zweifacher Hinsicht.

Zum einen ist die Transformation bis 2045 in technischer Hinsicht wohl nicht realisierbar. Daran ändert auch nichts, dass sich Deutschland dazu verpflichtet hat.

Aber selbst wenn unsere Ziele technisch erreichbar wären: Wir liefen Gefahr, geoökonomisch und geopolitisch unter die Räder zu kommen. Nach dem Motto: Operation gelungen, Patient tot.

Ein besonders Problem, das man allerdings zunehmend verinnerlicht, sind die Dunkelflauten, die bei uns im Winter herrschen.

Dann stellen Wind und Sonne zwar weiterhin keine Rechnung, aber sie liefern halt auch keine Energie.

Energiespeicher können das auf absehbare Zeit nicht ansatzweise überbrücken. Manchmal können das auch unsere Nachbarn nicht. So gab es im Januar 2023 nicht nur in Deutschland, sondern auch in anderen EU-Ländern für einige Tage Dunkelflaute. Wie hätte Deutschland in dieser Phase seinen Strombedarf mit grünem Strom aus Europa decken sollen?

Es wird noch lange dauern, bis wir über ausreichend grünen Wasserstoff als Energiespeicher verfügen werden Bis dahin brauchen wir eine oder mehrere möglichst CO2-arme Brückentechnologien. Wer das außer Acht ließe, beginge einen großen Fehler.

Machen wir uns nichts vor: Wir haben Atomenergie wohl zu schnell „abgeschrieben". CO2-freie Kernenergie wäre klimapolitisch der ideale Partner für erneuerbare Energien in einer Übergangszeit. Und bei allen Differenzen zur Zukunft der Kernenergie, in einem Punkt sollte praktische Vernunft doch eigentlich Einigkeit erzielen lassen:

beim Weiterbetrieb von vorhandenen Atomkraftwerken, die funktionieren und sicher sind.

Dass Deutschland zu einer solchen Einigung nicht in der Lage ist und intakte Atomkraftwerke abschaltet, somit Vermögen vernichtet und eine Option für CO_2-freie Energieerzeugung aus der Hand gibt, das versteht kaum ein anderes Land.

Natürlich sollte Deutschland eigentlich in Erwägung ziehen, sogar neue Kraftwerke mit einem geringeren Gefährdungspotenzial zu bauen und die Forschung zur Wiederaufarbeitung von Brennstäben voranzubringen.

Neue Kernkraftwerke könnten uns nach 2030 als Brückentechnologie helfen!

Dies gilt umso mehr, als es eine ganze Reihe von Ländern gibt, die durchaus auf Kernkraft setzen, etwa Finnland. Dort ist Anfang März 2023 auf der Ostseeinsel Olkiluoto das modernste Kraftwerk Europas in Betrieb gegangen.

44 Prozent der jungen Menschen in Europa sehen in der Atomenergie eine notwendige Brückentechnologie, um die Klimaziele erreichen zu können. Lediglich 28 Prozent lehnen sie ab.

Diese Ergebnisse der Jugendstudie „Junges Europa 2022" der TUI-Stiftung sollten uns aufhorchen lassen. Sehen junge Menschen die Zukunft etwa realistischer als alte? Schon möglich!

Aber noch scheinen die Dinge in Deutschland anders zu laufen. Wissen wir es am Ende besser als der Rest der Welt? Unwahrscheinlich!

Klar ist freilich, dass es tatsächlich gewichtige Argumente gibt, die gegen die Kernkraft sprechen - vor allem die Kosten, das Risiko und die Entsorgungsfrage.

Umso mehr besteht unsere Hauptaufgabe jetzt darin, endlich einen vernünftigen Plan für die Zukunft der Energieversorgung zu entwickeln und zu beschließen.

So klagt nicht nur Klaus Josef Lutz: „Was am schlimmsten ist: Wir führen in Deutschland keine ernsthafte Diskussion über die Energiepolitik der Zukunft."

Das sollte sich jetzt rasch ändern. Ein nachhaltiger Zukunftsplan muss nach meiner Einschätzung in jedem Fall zwei Strategie-Elemente beinhalten:

- Erstens, Ausstieg aus vorhandenen Energien erst dann, wenn ausreichend regenerative Energien, Stromnetze und Speicher verfügbar sind, und

- zweitens, realistische Ziele für den Ausbau von Wind- und Sonnenenergie, die auch Hemmnisse wie etwa Genehmigungsverfahren, Fachkräftemangel und die Abhängigkeit von China berücksichtigen.

Energie war einst ein Treiber von Industrialisierung und wachsendem Wohlstand.

Heute drohen Deindustrialisierung und Wohlstandsverluste durch eine bislang suboptimale Energiewende und einen ziemlich blinden Klimaschutz.

Aber Homo sapiens ist noch nicht verloren: Mit einer realistischen Energiepolitik und einem neuen Kurs in der Klimapolitik können wir das Ruder noch herumreißen!

Nachwort

Wir müssen klimaneutral werden! Diese Forderung scheint vielen fast schon trivial zu sein. Ist sie aber nicht. Denn wer sind „wir"? „Wir" sind die heutige Menschheit und ihre Nachkommen!

„Wir" stehen vor einem Dilemma. Denn vieles, wenn nicht sogar fast schon alles spricht zwar dafür, dass „wir" das Erforderliche tun sollten, um eine weitere Erwärmung der Erde einzudämmen - auch wenn „wir" die Ziele des Pariser Klimaabkommens nicht mehr werden erreichen können.

Genauso viel spricht aber unter den heutigen Bedingungen dagegen, dass „wir" das schaffen werden.

Homo sapiens hat die Herausforderung erkannt. Er sollte und er könnte das Klima theoretisch retten. Er tut es aber nicht. Dafür fehlen ihm offenbar zumindest bislang die Bereitschaft und die Fähigkeit zu einer effektiven Kooperation. Die Aussichten für eine „kooperative Klimapolitik" sind denkbar schlecht.

Das ist eine extrem unbequeme Botschaft!

Aber eine, die aufhört, den Menschen etwas vorzugaukeln.

China tut zu wenig für den Klimaschutz. Peking ist der „Störfall" in der globalen Klimapolitik - der eigentliche Motor der Erderwärmung.

Leider haben wir mit einer naiven Vorstellung vom „Wandel durch Handel" mit dazu beigetragen, das Reich der Mitte wirtschaftlich, militärisch und politisch stark zu machen, ohne dass es sich unseren Vorstellungen von Demokratie und Menschenrechten angenähert hätte.

Das war ein Kardinalfehler, der sich heute rächt: Peking setzt auf Aggression und Konfrontation. Und damit entwickelt es sich zur bislang größten geopolitischen Bedrohung im 21. Jahrhundert.

Dieser Bedrohung müssen wir mit massiven Investitionen in unsere Sicherheit entgegentreten. Hierzu verweise ich auf mein Buch „Warum Europa sein Schicksal selbst in die Hand nehmen muss".

Der Versuch Deutschlands und Europas, das global Notwendige fast im Alleingang tun zu wollen, überfordert uns und ist zum Scheitern verurteilt.

Er ist geopolitisch unsinnig und macht die Dinge nur noch viel schlimmer.

Das heißt aber nicht, dass Deutschland nichts tun sollte, im Gegenteil. Allerdings brauchen wir einen neuen Kurs in der Klimapolitik.

Dieser neue Kurs muss auf zwei Beinen stehen:

Erstens sollte Deutschland sein ganzes Gewicht in die Waagschale werfen, um die internationale Koordinierung der Klimapolitik auf ein stärkeres Fundament zu stellen.

Die Bilanz bisheriger Weltklimakonferenzen ist fast schon erbarmungswürdig, weil es zu viele Egoisten gibt, die nicht „mitspielen" wollen. Deshalb brauchen diese Konferenzen neue Spielregeln. Die Theorie der öffentlichen Güter bietet hierfür geeignete Instrumente. Man muss sie nur anwenden. Darauf sollten Deutschland und Europa künftig pochen.

Und zweitens sollten Deutschland und Europa darauf vorbereitet sein, dass

- die Welt stark steigende Temperaturen nicht mehr abwenden kann,

- eine Reform globaler Institutionen und damit eine effektive Kooperation zum Klimaschutz nicht zustande kommen und

- die Egoisten dieser Welt uns dazu zwingen, unseren Kurs zu ändern - weg vom altruistischen Klimaschutz hin zu einer egoistischen Klima-Realpolitik.

Wir brauchen einen neuen klimapolitischen Dreiklang:

- Wirtschaftliche Chancen des Klimaschutzes und der Energiewende ergreifen!

- Einen verantwortungsvollen realistischen Weg beim Klimaschutz einschlagen!
- Den Schwerpunkt der Klimapolitik auf vorausschauende Maßnahmen zur Anpassung an den unvermeidlichen Klimawandel legen!

Der Egoismus, für uns zu retten, was noch zu retten ist, könnte dazu führen, dass unser Kontinent mit den schlimmsten Auswirkungen der Erderwärmung einigermaßen zurechtkommt, während andere Regionen stark unter die Räder der Naturgewalten kommen.

Ethisch wäre das nur vertretbar, weil wir lange kooperativ und guten Willens waren, aber große Emittenten zu lange auf die Egoismus-Karte gesetzt und uns so keine andere Wahl gelassen haben.

Hinzu kommt, dass wir bereit bleiben, unser Engagement beim Klimaschutz zu erhöhen, sobald die wahren CO_2-Schwergewichte endlich ihren angemessenen Beitrag leisten und aufhören, als Trittbrettfahrer uns vom Spielfeldrand aus nur zuzusehen.

So oder so, wir stehen jetzt vor einer Zeitenwende: Second best statt First best.

Und solange die internationalen Spielregeln nicht grundlegend geändert werden, ist das Second best für die Welt das für Europa erreichbare First best.

Jetzt müssen wir eine konsistente, ethisch begründete klima-, umwelt- und menschenfreundliche Realpolitik entwerfen und umsetzen.
Das ist unsere Aufgabe!

Autor

Lothar Thürmer studierte Wirtschaftswissenschaften in Augsburg und - als Stipendiat der Rotary Foundation - an der UCLA in Los Angeles.
Sein beruflicher Werdegang mit Stationen in mehreren Ministerien hat es mit sich gebracht, dass er im Umfeld prägender Persönlichkeiten und politischer Vordenker arbeiten und lernen durfte. Dazu gehören Franz Josef Strauß und Professor Kurt Biedenkopf.
Heute befasst er sich mit drängenden Zukunftsfragen.

Bisherige Veröffentlichungen beim Verlag Books on Demand

Zur Zukunft des Klimas. Eine ernüchternde Botschaft, 2020

Fünf Thesen zur Klimapolitik, 2020

Zur Zukunft Europas in der Welt von morgen, 2021

Die Geburtstagsrede, 2021

Aufbruch. Europa muss sich entscheiden, 2022

Sieben Thesen zur Zukunft Europas, 2022

Warum Europa sein Schicksal selbst in die Hand nehmen muss, 2022